NOUVEL ALPHABET DOUBLE

EN FRANÇAIS,

A l'usage des Commençans;

DIVISÉ EN DEUX PARTIES.

O bienheureux mille fois
L'enfant que le Seigneur aime,
Qui de bonne heure entend sa voix,
Et que ce Dieu daigne instruire lui-même !
Loin du monde élevé, de tous les dons des cieux
Il est orné dès sa naissance,
Et du méchant l'abord contagieux
N'altère point son innocence. RACINE.

Montreal,

LA LIBRAIRIE FRANÇAISE

RD R. FABRE ET Cie,

DU PALAIS DE JUSTICE.

1829

dernière édition, et les supplémens faits jusqu'à ce jour, intercalés à leur ordre alphabétique, mais encore une bibliographie indispensable aux souscripteurs, pour les divers ouvrages contenus et énoncés dans Feller, qui formera 3 volumes in-8°, et sera publiée immédiatement après le dictionnaire ; elle deviendra en outre un supplément nécessaire à toutes les éditions du même ouvrage, et pourra leur être adaptée.

LA SAINTE BIBLE en latin et en français, avec des notes littéraires, critiques et historiques, tirées du commentaire de Dom Augustin CALMET, abbé de Sénones, de l'abbé de VENCE, et des auteurs les plus célèbres, pour faciliter l'intelligence de l'Écriture sainte ; ouvrage enrichi d'un atlas contenant 37 cartes

NOUVEL
ALPHABET DOUBLE

EN FRANÇAIS,

A l'usage des Commençans;

DIVISÉ EN DEUX PARTIES.

Montreal,

A LA LIBRAIRIE FRANÇAISE
D'ÉDOUARD R. FABRE et Cⁱᵉ,

VIS-A-VIS DU PALAIS DE JUSTICE.

1829

PARIS, IMPRIMERIE DE DECOURCHANT,
Rue d'Erfurth, n° 1, près de l'Abbaye.

A B C D
E F G H
I J K L M
N O P Q
R S T U
V X Y Z

a b c
d e f
g h i j
k l m

n o p

q r s

t u v

x y z

A B C D

E F G H

I J K L M

N O P Q

R S T U

V X Y Z

a b c d

e f g h

i j k l m

n o p q

r s t u

v x y z

a   e   i   o   u

ba   be   bi   bo   bu

ca   ce   ci   co   cu

da   de   di   do   du

fa   fe   fi   fo   fu

ga   ge   gi   go   gu

ha   he   hi   ho   hu

ja   je   ji   jo   ju

ka   ke   ki   ko   ku

la   le   li   lo   lu

ma	me	mi	mo	mu
na	ne	ni	no	nu
pa	pe	pi	po	pu
qua	que	qui	quo	quu
ra	re	ri	ro	ru
sa	se	si	so	su
ta	te	ti	to	tu
va	ve	vi	vo	vu
xa	xe	xi	xo	xu
za	ze	zi	zo	zu

Pa pa	car ton
ma man	poi son
na nan	han ne ton
da da	hé ris son
tou tou	pa pil lon
jou jou	ar ti chaut
cou teau	a bri cot
gâ teau	ar ro soir
cha peau	a breu voir
bé guin	ré ser voir
hi ron del le	é gru geoir
de moi sel le	ba lan ce
jar din	con fi an ce
rai sin	com plai san ce
chi en	ger çu re
car lin	brû lu re
se rin	en ge lu re
voi sin	con fi tu re
mas se pain	ra quet te

noi set te	sin gu la ri té
cein tu re	fa mi li a ri té
fri su re	vail lan ce
cou ver tu re	sur veil lan ce
pa ra sol	bien veil lan ce
tour ne sol	ex tra va gan ce
ros si gnol	il lu mi na ti on
ré glis se	os ten ta ti on
é cre vis se	dis si pa ti on
re non cu le	vo mis se ment
ri di cu le	é va nou is se ment
ar ti fi ce	é blou is se ment
hu mi li té	i nu ti le ment
do ci li té	heu reu se ment
vi va ci té	sin gu liè re ment
hon nê te té	pro di gieu se ment
vé ra ci té	phi lo so phie

Les cou teaux cou pent.

Les é pin gles pi quent. Les chats é gra ti gnent. Le feu brû le.

Voi ci un che val : il a qua tre jam-bes. Les oi seaux n'ont que deux jam-bes ; mais ils ont deux ai les, ils vo-lent.

Les pois sons ne vo lent pas, ils na gent dans l'eau. Les pois sons ne pour roient pas vi vre dans l'air.

Le vez la tê te, vous ver rez le so leil.

C'est Dieu qui a fait le so leil. Dieu a fait tout ce que nous voy-ons : il est maî tre de tout, il sait tout.

Pour plai re à Dieu, un en fant doit o bé ir à ses pa rens, et ne fai re du mal ou de la pei ne à per-son ne.

Il faut que cha cun tra vail le; ce lui qui ne tra vail le pas, ne mé ri te pas de manger.

Le pain se fait a vec de la fa ri ne. La fa ri ne se fait a vec du blé.

Pour a voir du blé, il faut le se mer. A vant de se mer, il faut la bou rer. La ter re est dif fi ci le à la bou rer.

Le blé pous se des ra ci nes. Les ra ci nes por tent u ne ti ge, cet te ti ge pro duit un é pi. Cet é pi ren fer me des grains de blé.

Les ar bres ont des ra ci nes, qui sont com me leurs pieds; ils ont des bran ches, qui sont

com me leurs bras, et des ra-
meaux, qui sont com me leurs
mains.

Sur les ra meaux, il vient des
feuil les et des fleurs. Quand les
fleurs sont tom bées, il res te un
pe tit fruit. Ce fruit de vient
gros : on le man ge, quand le
so leil l'a mû ri.

La pom me est le fruit du
pom mier : on fait du ci dre a-
vec des pom mes, quand el les
ont é té é cra sées dans un pres-
soir.

A vec des rai sins, on fait du
vin. Les rai sins sont le fruit
de la vi gne.

Nos che mi ses sont de toi le.
La toi le se fait a vec du fil.

Le fil se fait a vec du chan vre. On sè me la grai ne qui pro duit le chan vre.

Nos ha bits sont or di nai re ment de lai ne. La lai ne croît sur les mou tons ; on la file.

On ne tond les mou tons qu'u ne fois dans l'an née. U ne an née est com po sée de dou ze mois. Dans un mois, il y a tren te jours.

Quand on est jeu ne, u ne an née pa raît bien lon gue.

On croit qu'on ne de vi en dra jamais vi eux.

La glou ton ne rie ô te la san té.

Ne dé ro bez rien.

Ne je tez pas de pain à ter re : si vous en a vez trop, il y a des gens qui n'en ont pas as sez.

Ne vous met tez pas en co lè re.

L'en fant doux se fait ai mer.

On ché rit l'en fant com plai- sant.

Ne mé pri sez per son ne.

L'en fant le plus ins truit n'est pas ce lui qui par le le plus.

Si vous dé si rez trop, vous ne se- rez ja mais heu reux.

Pour qu'on sup por te vos dé fauts, sup por tez ceux des au tres.

Si vous vou lez vous fai- re ai mer, rendez vous ai ma- ble.

Ne fai tes pas à vos ca ma ra-
des ce que vous se riez fâ ché
qu'ils vous fis sent.

———

æ œ fi ff ffi fl
ffl w & Æ Œ

æ œ fi ff ffi fl
ffl w & Æ Œ

Manière de prononcer les Consonnes.

B	Be.
C	Ce.
D	De.
F	Ef–fe.
G	Ge.
H	A–che
J	Gi.
K	Ka.
L	El–le.
M	Em–me.
N	En–ne.
P	Pe.
Q	Qu.
R	Re.
S	Es–se.

T	Te.
V	Ve.
X	Ik–ce.
Y	Y–grec.
Z	Zaide.

ACCENS.

′ Aigu. ` Grave.
^ Circonflexe. ‥ Tréma.

Pà-té, Mè-re, Pà-tre, Mê-me, Maî-tre,
A-pô-tre, Hé-ro-ï-ne.

CES Accens mettent une grande différence dans la manière dont on prononce les lettres sur lesquelles ils sont placés; ainsi l'on ouvre beaucoup plus la bouche pour prononcer l'*e* du mot *procès*, que pour prononcer celui du mot *bonté*.

L'*e* sur lequel on met un accent aigu, s'appelle un *é* fermé; celui sur lequel on place un accent grave, s'appelle un *è* ouvert.

On met l'accent circonflexe sur les voyelles qu'on prononce en appuyant, comme dans les mots *blâme*, *tempête*, *gîte*, *trône*, *flûte*.

Il y a cinq voyelles : *a, e, i, o, u*. On les appelle voyelles, parce qu'elles remplissent seules la voix.

Il n'en est pas de même des autres lettres : on les nomme consonnes, parce qu'elles n'ont de son qu'avec une autre lettre ; ainsi quand on prononce un *b*, le son est le même que s'il y avoit un *e* à côté.

¨ Tréma.

Le tréma est un signe qui avertit qu'il faut prononcer la voyelle sur laquelle il se trouve, séparément de la lettre qui suit : ainsi dans le mot *haïr*, on prononce ha ir parce qu'il y a un tréma, et non pas *hair*.

' Apostrophe.

L'apostrophe se met en haut, à la place d'une voyelle supprimée, comme dans les mots : *l'arbre, l'oiseau*, parce qu'il auroit été trop dur de dire : *le arbre, le oiseau*.

- Trait d'union.

Le trait d'union se met entre deux mots qui n'en forment qu'un, comme : *porte-faix, porte-clef, porte-crayon*.

ç Cédille.

La cédille se met en bas sous la lettre *c*, pour avertir qu'on doit prononcer ce *c* comme *s* ; par exemple dans le mot *leçon*.

» Guillemets.

Les guillemets sont deux virgules qui marquent que les mots devant lesquels ils se trouvent, sont le langage de quelqu'un qui n'est pas celui qui parloit auparavant, on s'en sert encore pour faire connoître les mots ou les lignes qui sont empruntés d'un autre livre.

() Parenthèse.

La parenthèse est composée de deux crochets; elle marque que ce qui est enfermé entre, est détaché de ce qui précédoit et de ce qui suit.

Virgule, pour s'arrêter un peu,

Point et virgule; pour s'arrêter davantage.

Deux points : pour s'arrêter encore davantage.

Point . pour s'arrêter tout-à-fait,

Point d'interrogation ?

Point d'admiration ou d'exclamation !

Ceux qui composent les livres ne placent pas tous ces signes indifféremment.

La virgule marque les différentes parties d'une phrase, c'est-à-dire d'un assemblage de mots qui contribuent à former le même sens.

Le point et la virgule marquent que la phrase n'est pas entièrement finie.

Les deux points marquent qu'une phrase est finie, mais qu'elle dépend d'une phrase composée, dont toutes les parties sont liées avec la principale.

1,   2,   3,   4,   5,

Un,   Deux,   Trois,   Quatre,   Cinq,

6,   7,   8,   9,   0.

Six,   Sept,   Huit,   Neuf,   Zéro.

Ces caractères s'appellent des chiffres; il servent à compter.

Pour exprimer des nombres plus considérables, sans avoir recours à d'autres caractères, on est convenu que de dix unités on n'en feroit qu'une à laquelle on donneroit le nom de *dizaine*, et que l'on compteroit par dizaines comme on compte par unités, c'est-à-dire que l'on diroit deux dizaines, trois, etc., jusqu'à neuf dizaines; que, pour représenter ces nouvelles unités, on emploieroit les mêmes chiffres que pour les unités simples, et qu'on les distingueroit de celles-ci en les plaçant à leur gauche.

Ainsi, pour représenter *trente-quatre*, qui renferment trois dizaines et quatre unités, on est convenu d'écrire 34; pour représenter *soixante*, qui contient un nombre exact de dizaines sans aucune unité, on écrit 60. Zéro marque à la fois qu'il n'y a point d'unités simples, et que le nombre six exprime des dizaines.

Pour faire des comptes plus étendus, on forme de dix dizaines une seule unité, qui a le nom de *centaine*, parce que dix fois dix font cent; et on place les chiffres qui appartiennent à ces centaines, à la gauche des dizaines.

Il en est de même des mille, que l'on forme de dix centaines, et ainsi de suite pour tous les nombres que l'on peut imaginer.

Les principales règles du calcul sont : *l'addition*, la *soustraction*, la *multiplication*, la *division*.

L'ADDITION.

Mon enfant, supposons que tu tires quelques cerises d'une corbeille; pour savoir combien tu en au-
ras pris, tu diras :

Par exemple : . . . . . . 4 cerises,
plus 2 cerises,
plus 3 cerises,
____
font 9 cerises.

Le nombre 9 est le total que tu cherchois.

Ainsi l'addition consiste à ajouter plusieurs nombres les uns aux autres, pour en connoître la somme
totale.

LA SOUSTRACTION.

Supposons que tu n'aies pris que 7 cerises, et que
tu en remettes 4, combien t'en restera-t-il?

de 7 cerises
ôte 4 cerises;
____
restent 3 cerises.

Ainsi, par la soustraction, on ôte un moindre nombre
bre d'un plus grand pour savoir ce qu'il en reste.

LA MULTIPLICATION.

Si je te donne 15 cerises par jour, combien en
mangeras-tu en 4 jours ?

Multiplie . . . 15
Par 4
____
C'est-à-dire compte 4 fois 15,
Tu trouveras . . 60 cerises.

La multiplication consiste donc à multiplier deux
nombres l'un par l'autre pour trouver un troisième

nombre qui contienne le premier autant de fois qu'il y a d'unités dans le second.

LA DIVISION.

Si par hasard il ne s'étoit trouvé dans la corbeille que 30 cerises, et qu'il t'eût fallu les partager entre 6 personnes, combien chaque personne en auroit-elle eu?

$$30 \left\{ \frac{\text{Divisées par 6,}}{\text{donnent 5.}} \right.$$

Chaque personne auroit donc eu 5 cerises.

L'usage de la division est, comme tu vois, de partager un nombre en autant de parties qu'il y a d'unités dans celui par lequel on le divise.

CHIFFRES ARABES ET ROMAINS.

Un	1	I.
Deux	2	II.
Trois	3	III.
Quatre	4	IV.
Cinq	5	V.
Six	6	VI.
Sept	7	VII.
Huit	8	VIII.
Neuf	9	IX.
Dix	10	X.
Onze	11	XI.
Douze	12	XII.
Treize	13	XIII.
Quatorze	14	XIV.
Quinze	15	XV.

Seize	16	XVI.
Dix-sept	17	XVII.
Dix-huit	18	XVIII.
Dix-neuf	19	XIX.
Vingt	20	XX.
Vingt et un	21	XXI.
Vingt-deux	22	XXII.
Ving-trois	23	XXIII.
Vingt-quatre	24	XXIV.
Vingt-cinq	25	XXV.
Vingt-six	26	XXVI.
Vingt-sept	27	XXVII.
Vingt-huit	28	XXVIII.
Vingt-neuf	29	XXIX.
Trente	30	XXX.
Trente et un	31	XXXI.
Trente-deux	32	XXXII.
Trente-trois	33	XXXIII.
Trente-quatre	34	XXXIV.
Trente-cinq	35	XXXV.
Trente-six	36	XXXVI.
Trente-sept	37	XXXVII.
Trente-huit	38	XXXVIII.
Trente-neuf	39	XXXIX.
Quarante	40	XXXX ou XL.
Quarante et un	41	XLI.
Quarante-deux	42	XLII.
Quarante-trois	43	XLIII.
Quarante-quatre	44	XLIV.
Quarante-cinq	45	XLV.
Quarante-six	46	XLVI.
Quarante-sept	47	XLVII.
Quarante-huit	48	XLVIII.
Quarante-neuf	49	XLIX.

Cinquante	50	L.
Cinquante et un	51	LI.
Cinquante-deux	52	LII.
Cinquante-trois	53	LIII.
Cinquante-quatre	54	LIV.
Cinquante-cinq	55	LV.
Cinquante-six	56	LVI.
Cinquante-sept	57	LVII.
Cinquante-huit	58	LVIII.
Cinquante-neuf	59	LIX.
Soixante	60	LX.
Soixante et un	61	LXI.
Soixante-deux	62	LXII.
Soixante-trois	63	LXIII.
Soixante-quatre	64	LXIV.
Soixante-cinq	65	LXV.
Soixante-six	66	LXVI.
Soixante-sept	67	LXVII.
Soixante-huit	68	LXVIII.
Soixante-neuf	69	LXIX.
Soixante-dix	70	LXX.
Soixante-onze	71	LXXI.
Soixante-douze	72	LXXII.
Soixante-treize	73	LXXIII.
Soixante-quatorze	74	LXXIV.
Soixante-quinze	75	LXXV.
Soixante-seize	76	LXXVI.
Soixante-dix-sept	77	LXXVII.
Soixante-dix-huit	78	LXXVIII.
Soixante-dix-neuf	79	LXXIX.
Quatre-vingts	80	LXXX.
Quatre-vingt-un	81	LXXXI.
Quatre-vingt-deux	82	LXXXII.
Quatre-vingt-trois	83	LXXXIII.

Quatre-vingt-quatre	84	LXXXIV.
Quatre-vingt-cinq	85	LXXXV.
Quatre-vingt-six	86	LXXXVI.
Quatre-vingt-sept	87	LXXXVII.
Quatre-vingt-huit	88	LXXXVIII.
Quatre-vingt-neuf	89	LXXXIX.
Quatre-vingt-dix	90	XC.
Quatre-vingt-onze	91	XCI.
Quatre-vingt-douze	92	XCII.
Quatre-vingt-treize	93	XCIII.
Quatre-vingt-quatorze	94	XCIV.
Quatre-vingt-quinze	95	XCV.
Quatre-vingt-seize	96	XCVI.
Quatre-vingt-dix-sept	97	XCVII.
Quatre-vingt-dix-huit	98	XCVIII.
Quatre-vingt-dix-neuf	99	XCIX.
Cent	100	C.
Deux cents	200	CC.
Trois cents	300	CCC.
Quatre cents	400	CCCC.
Cinq cents	500	D.
Six cents	600	DC.
Sept cents	700	DCC.
Huit cents	800	DCCC.
Neuf cents	900	DCCCC.
Mille	1000	M.

TABLEAU DE MULTIPLICATION.

2	fois	2	font	4		2	fois	6	font	12
2	fois	3	font	6		2	fois	7	font	14
2	fois	4	font	8		2	fois	8	font	16
2	fois	5	font	10		2	fois	9	font	18

2	fois	10	font	20		6	fois	6	font	36
2	fois	11	font	22		6	fois	7	font	42
2	fois	12	font	24		6	fois	8	font	48
3	fois	3	font	9		6	fois	9	font	54
3	fois	4	font	12		6	fois	10	font	60
3	fois	5	font	15		6	fois	11	font	66
3	fois	6	font	18		6	fois	12	font	72
3	fois	7	font	21		7	fois	7	font	49
3	fois	8	font	24		7	fois	8	font	56
3	fois	9	font	27		7	fois	9	font	63
3	fois	10	font	30		7	fois	10	font	70
3	fois	11	font	33		7	fois	11	font	77
3	fois	12	font	36		7	fois	12	font	84
4	fois	4	font	16		8	fois	8	font	64
4	fois	5	font	20		8	fois	9	font	72
4	fois	6	font	24		8	fois	10	font	80
4	fois	7	font	28		8	fois	11	font	88
4	fois	8	font	32		8	fois	12	font	96
4	fois	9	font	36		9	fois	9	font	81
4	fois	10	font	40		9	fois	10	font	90
4	fois	11	font	44		9	fois	11	font	99
4	fois	12	font	48		9	fois	12	font	108
5	fois	5	font	25		10	fois	10	font	100
5	fois	6	font	30		10	fois	11	font	110
5	fois	7	font	35		10	fois	12	font	120
5	fois	8	font	40		11	fois	11	font	121
5	fois	9	font	45		11	fois	12	font	132
5	fois	10	font	50		12	fois	12	font	144
5	fois	11	font	55						
5	fois	12	font	60						

SECONDE PARTIE.

O bienheureux mille fois
L'enfant que le Seigneur aime,
Qui de bonne heure entend sa voix,
Et que ce Dieu daigne instruire lui-même!
Loin du monde élevé, de tous les dons des cieux
Il est orné dès sa naissance,
Et du méchant l'abord contagieux
N'altère point son innocence. RACINE.

MAXIMES

DE L'ÉCRITURE SAINTE.

ENFANS, obéissez à vos pères et à vos mères en ce qui est selon le Seigneur, car cela est juste. *Ephés.* 6.

Il faut plutôt obéir à Dieu qu'aux hommes. *Act.* 5.

Celui qui aime son père et sa mère plus que moi, n'est pas digne de moi. *St. Matt.* 10.

Honorez votre père et votre mère, afin que vous soyez heureux, et que vous viviez long-temps sur la terre. *Deut.* 5.

Maudit celui qui n'honore point son père et sa mère. *Deut.* 27.

Celui qui outragera son père et sa mère est digne de mort. *Exod.* 21.

Mon fils, soulagez votre père dans sa vieillesse, et ne l'attristez pas durant sa vie; car la charité que vous aurez eue pour votre père, ne sera point mise en oubli devant Dieu. *Ecclé.* 5.

Un enfant qui est sage est la joie de son père ; et l'enfant insensé est la tristesse de sa mère. *Prov* 10.

Corrigez votre fils, il vous consolera, et deviendra les délices de votre âme. *Prov.* 29.

Le méchant se moque de la correction de son père ; mais celui qui se soumet au châtiment, en deviendra plus sage. *Prov.* 15.

L'enfant abandonné à sa volonté couvrira de confusion sa mère, et deviendra insolent. *Prov.* 29.

Ne rendez point votre fils maître de ses actions, pendant qu'il est jeune ; et ne négligez point ce qu'il fait et ce qu'il pense. *Ecclé.* 30.

Instruisez votre fils, et appliquez-vous à le former, de peur qu'il ne vous déshonore par sa vie honteuse. *Ecclé.* 30.

L'enfant qui dérobe quelque chose à son père et à sa mère, et qui dit que ce n'est pas un péché, a part au crime des homicides. *Prov.* 28.

Enfans, obéissez à vos supérieurs, et soyez soumis à leurs ordres, car ce sont eux qui veillent pour le salut de vos âmes, comme devant en rendre compte à Dieu. *Héb.* 13.

Celui qui aime à être repris aime la science; mais celui qui hait les réprimandes, s'égare. *Prov.* 10.

Celui qui est de Dieu, écoute les paroles de Dieu; c'est pour cela que vous ne les écoutez pas, parce que vous n'êtes pas de Dieu. *St. Jean*, 8.

Mon fils, demandez toujours conseil à un homme sage. *Tobie*, 4.

Portez honneur et respect à ceux qui ont les cheveux blancs. *Lév.* 13.

Celui qui fréquente des personnes sages, devient sage. *Prov.* 13.

Rendez-vous service les uns aux autres par un esprit de charité. *Gal.* 5.

Soyez toujours prêts à faire du bien à vos frères, et à tout le monde. 1 *Thess.* 5.

Edifiez-vous les uns les autres, rendez-vous parfaits et excitez-vous au bien. 2 *Cor.* 13.

N'ayez point de liaison avec les méchans. *Ecclé.* 7.

Eloignez-vous des mauvaises langues, et que les médisans soient loin de vous. *Prov.* 4.

Mon fils, ayez Dieu présent à l'esprit tous les jours de votre vie, ne consentez jamais au péché, et ne violez jamais les préceptes de la loi du Seigneur notre Dieu. *Tobie*, 4.

Ceux qui commettent le péché sont ennemis de leur âme. *Tobie*, 12.

Evitez le mal et faites le bien. *Ps.* 11.

Celui qui commet le péché est enfant du diable ; et celui qui est né de Dieu ne commet point de péché. *Epître St. Jean*, 3.

Tâchez d'avoir la paix avec tout le monde, et d'avoir la sainteté, sans laquelle personne ne verra Dieu. *Hébreux*, 22.

Que votre lumière luise devant les hommes, afin qu'ils voient vos bonnes œuvres, et qu'ils en glorifient votre Père qui est dans le ciel. *St. Matt.* 5.

Faites toutes vos actions dans un esprit de charité. 1 *Cor.* 16.

Quiconque s'élève sera abaissé, et quiconque s'humilie sera élevé. *St. Luc*, 14.

Celui qui a de la vanité et de l'orgueil, sera en abomination devant Dieu. *Prov.* 16.

Le jeune homme suit sa première voie

dans la vieillesse même, et ne la quittera point. *Prov.* 22.

Vous aimerez le Seigneur votre Dieu, de tout votre cœur, de toute votre âme, et de tout votre esprit. *Matt.* 22.

Vous adorerez le Seigneur votre Dieu, et ne servirez que lui seul. *St. Luc*, 4.

Sachez que Dieu vous fera rendre compte au jour du jugement de toutes les choses que vous aurez faites dans votre jeunesse. *Ecclé.* 11.

Craignez Dieu, et observez ses commandemens ; car c'est là le tout de l'homme. *Ecclé.* 12.

Si vous voulez entrer dans la vie éternelle, observez mes commandemens. *St. Matt.* 19.

Heureux ceux dont les mœurs et la vie sont pures, et qui se conduisent suivant la loi de Dieu. *Ps.* 119.

Rien ne manque à ceux qui craignent le Seigneur. *Ps.* 33.

Le juste est plus heureux avec le peu de biens qu'il possède, que les méchans avec leurs grands biens. *Ps.* 39.

Mon fils, ne craignez point : il est vrai que nous sommes pauvres ; mais nous aurons beaucoup de biens, si nous craignons Dieu, si nous nous éloignons de tout péché, et si nous faisons de bonnes actions. *Tobie*, 4.

Ne portez point envie aux méchans, et ne désirez pas d'être comme eux. *Prov.* 24.

Les méchans et les scélérats périront; et ceux qui abandonnent le Seigneur seront consumés. *Isaïe*, 1.

Quand vous entrez dans la maison du Seigneur, considérez où vous êtes. *Ec.* 4.

Tremblez devant mon sanctuaire, car je suis le Seigneur votre Dieu. *Lévit.* 19.

Si quelqu'un profane le temple de Dieu, Dieu le perdra. 1 *Cor.* 4.

Veillez et priez, afin que vous ne succombiez pas à la tentation. *St. Matt.* 26.

Mon fils, avez-vous péché, ne péchez plus; mais priez pour vos fautes passées, afin qu'elles vous soient pardonnées. *Ec.* 31.

Après que vous aurez mangé, et que vous serez rassasié, bénissez le Seigneur votre Dieu, qui vous a donné tous ces biens. *Deut.* 8.

Soit que vous mangiez, soit que vous

buviez ou quelque chose que vous fassiez, faites tout pour la gloire de Dieu et au nom de Jésus-Christ notre Seigneur, en rendant grâces à Dieu le Père pour lui. 1 *Cor.* 10.

Le soir, le matin, et à midi, je raconterai et je chanterai les louanges du Seigneur ; et il écoutera ma voix. *Ps.* 54.

Souvenez-vous de sanctifier le jour du Sabbat. *Exod.* 20.

Faites de dignes fruits de pénitence. *St. Matt.* 3.

Je vous dis en vérité, que, si vous ne vous convertissez, vous n'entrerez point dans le royaume des cieux. *St. Matt.* 18.

Si vous ne faites pénitence, vous périrez tous de la même manière. *St. Luc,* 13.

Faites pénitence, et convertissez-vous afin que vos péchés soient effacés. *Act.* 3.

Si nous confessons nos péchés, Dieu est fidèle et juste pour nous les pardonner, et pour nous purifier de toute iniquité, 1re *Epitre St. Jean.*

Ne rougissez point et n'ayez point de honte de confesser vos péchés, et ne vous soumettez point à toutes sortes de personnes pour le péché.

Vous aimerez votre prochain comme vous-même. *Matt.* 22.

Mes petits enfans, n'aimez point vos frères, de parole ni de langue, mais par des œuvres et en vérité. *Ep. St. Jean,* 3.

Traitez les autres comme vous voudriez en être traités; car c'est là toute la loi et les prophètes. *Matt.* 7.

Vous ne déroberez point, et vous ne désirerez rien des biens de votre prochain. *Exod.* 30.

La crainte du Seigneur est le commencement de la sagesse; les méchans méprisent la sagesse et la science. *Prov.* 1.

Celui qui méprise la sagesse et l'instruction est malheureux. *Sag.* 3.

C'est du Seigneur que vient toute la sagesse. *Ecclé.* 1.

La sagesse n'entrera point dans une âme maligne, et elle n'habitera point dans un corps assujéti au péché. *Sag.* 1.

Pratiquez en toutes choses l'humilité, la douceur et la patience, en vous supportant les uns les autres avec charité. *Ephés.* 4.

Ecoutez avec docilité ce que l'on vous dit, afin de le bien comprendre et de donner une réponse sage et juste. *Ec.* 5.

Ne répondez point avant que d'avoir écouté, et n'interrompez personne au milieu de son discours. *Ecclé.* 11.

Instruisez-vous avant que de parler. *Ecclé.* 18.

Ne jugez point, et vous ne serez point jugé ; ne condamnez point, et vous ne serez point condamné. *St. Luc*, 6.

Mes enfans, ne parlez point mal les uns des autres. Celui qui médit de son frère, et qui juge son frère, parle contre la loi. *St. Jacques.*

Que si quelqu'un aime la vie, et désire que ses jours soient heureux, qu'il empèche sa langue de médire, et que ses lèvres ne prononcent pas des paroles trompeuses. 1 *St. Pierre*, 3.

Ne soyez point lâches dans votre devoir et conservez-vous dans la ferveur de l'esprit, considérant que c'est le Seigneur que vous servez. *Rom.* 12.

Faites avec plaisir et de bon cœur ce que vous ferez, comme le faisant pour le Seigneur. *Coloss.* 3.

Fuyez les disputes et les querelles. *Tit.* 3.

Vous ne porterez point de faux témoignages contre votre prochain. *Ex.* 10.

Le faux témoin ne demeurera point impuni, et celui qui dit des mensonges périra. *Prov.* 19.

N'inventez point de faussetés contre votre frère, ni contre votre ami; et donnez-vous de garde de faire aucun mensonge.

Aimez vos ennemis, faites du bien à ceux qui vous haïssent, bénissez ceux qui parlent mal de vous, et priez pour ceux qui vous calomnient. *St. Luc,* 6.

Ne rendez à personne le mal pour le mal. *Rom.* 12.

Que toute aigreur, tout emportement et toute colère, soient bannis d'entre vous. *Eph.* 4.

Ne cherchez point à vous venger, et ne conservez point de souvenir de l'injure de vos compagnons. *Lév.* 19.

Oubliez toutes les injures que vous avez reçues de votre prochain, et ne faites rien pour vous en venger. *Ecclé.* 10.

Ne rougissez point de dire la vérité; car il y va de votre salut. *Ec.* 4.

Ayez le mal en horreur, et attachez-vous fortement au bien. *Ps.* 36.

N'usez point de mensonges les uns envers les autres. *Coloss.* 3.

Donnez-vous de garde de faire des mensonges, car l'habitude de mentir est très-mauvaise. *Ecclé.* 7.

Le Seigneur a en horreur le menteur, et le témoin trompeur qui assure des mensonges. *Prov.* 6.

L'oisiveté apprend beaucoup de mal. *Ecclé.* 33.

Tout paresseux est toujours pauvre. *Prov.* 21.

Celui qui ne veut point travailler, ne doit point manger. 2 *Thess.* 3.

L'homme est né pour le travail, comme l'oiseau pour voler. *Job*, 5.

Mon fils, ménagez le temps, et évitez le mal. *Ec.* 4.

Veillons et soyons sobres. *Thess.* 5.

Prenez garde à vous, de peur que vos cœurs ne s'appesantissent par l'excès des viandes et du vin. *St. Luc*, 21.

La tempérance dans le boire et dans le manger est la santé de l'âme et du corps. *Ecclé.* 51.

Que nul mauvais discours ne sorte de votre bouche, mais qu'il n'en sorte que de bons et de propres à nourrir la foi, afin qu'ils inspirent de la piété à ceux qui les écoutent. *Ep.* 4.

Ne savez-vous pas que votre corps est le temple du St.-Esprit qui est en vous, et qui vous a été donné de Dieu, et que vous n'êtes plus à vous-même? Car vous avez été acheté d'un grand prix. Glorifiez-vous donc, et portez Dieu dans votre cœur. 1 *Cor.* 10.

Le partage des impudiques sera d'être jetés dans un étang brûlant de feu et de soufre. *Apoc.* 21.

Rien de souillé n'entrera dans le royaume des cieux, ni aucun de ceux qui commettent l'abomination. *Apoc.* 21.

Le Seigneur a en abomination le cœur corrompu. *Prov.* 11.

Les mauvaises pensées séparent de Dieu. *Sag.* 1.

Veillez sur vous-même, mon fils, et abstenez-vous de toute sorte d'impureté. *Tob.* 4.

Mes très-chers enfans, purifions-nous de tout ce qui souille le corps et l'esprit, et travaillons de plus en plus à notre sanctification dans la crainte de Dieu. *2 Cor.* 7.

Je vous dis de ne point jurer, mais contentez-vous de dire : cela est, ou cela n'est pas; car ce qui est de plus, vient du mal. *St. Matt.* 5.

Vous ne prendrez pas en vain le nom du Seigneur votre Dieu; car le Seigneur ne tiendra pas pour innocent celui qui aura pris en vain le nom du Seigneur son Dieu. *Exod.* 20.

Vous ne jugerez point faussement en son nom. *Lévit.* 19.

Veillez, parce que vous ne savez ni le jour ni l'heure que le Fils de l'homme viendra. *St. Matt.* 24.

Nous paroîtrons tous au tribunal de Jésus-Christ, et chacun rendra compte de ses actions. *Rom.* 14.

Il est arrêté que tous les hommes meurent une seule fois, et qu'ensuite ils soient jugés. *Héb.* 9.

Souvenez-vous dans toutes vos actions de votre dernière fin, et vous ne pécherez jamais. *Ecclé.* 7.

La mort des méchans est très-malheureuse. *Ps.* 33.

Mes très-chers enfans, ayez soin de travailler à votre salut, avec crainte et avec tremblement. *Ph.* 2.

Le paresseux n'a pas voulu travailler à cause du froid; il mendiera son pain pendant l'été, et on ne lui donnera rien. *Pr.* 20.

L'ouvrier sujet au vin ne deviendra jamais riche; et celui qui néglige les petites choses tombera peu à peu. *Ecclé.* 19.

Celui qui aime son fils, le châtie souvent, afin qu'il en reçoive de la joie quand il sera grand, et qu'il n'aille pas mendier aux portes des autres. *Ecclé.* 31.

***

COURTES PRIÈRES DURANT LA MESSE.

En entrant dans l'Église.

QUE ce lieu est terrible et vénérable! c'est ici la maison de Dieu et la porte du ciel; faites, Seigneur, que je sois dans le respect, et que je tremble à la vue de votre sanctuaire.

En prenant de l'eau bénite, il faut faire le signe de la croix, et dire :

Mon Dieu, répandez en moi l'eau de votre grâce, pour me purifier de plus en plus, afin que les adorations que je viens vous présenter vous soient agréables.

Avant que la Messe soit commencée.

Je viens, ô mon Dieu, pour assister au saint sacrifice : donnez-moi votre grâce, afin que j'y assiste avec une foi vive, un amour ardent, et une humilité profonde.

Pendant que le prêtre est au bas de l'autel.

J'ai péché, mon Dieu, je ne suis pas digne de lever les yeux au ciel, ni de regarder votre autel pour vous adorer : mais que tous les saints vous prient pour moi. Je vous demande grâce, ô Dieu tout puissant ; faites moi miséricorde, et m'accordez le pardon de mes péchés, par Jésus-Christ notre Seigneur.

Quand le prêtre monte à l'autel.

Père céleste, qui êtes Dieu, ayez pitié de nous. Fils Rédempteur du monde, qui êtes Dieu, ayez pitié de nous. Esprit Saint, qui êtes Dieu, ayez pitié de nous.

Au Gloria in Excelsis.

Je vous adore, ô Père céleste; vous êtes le souverain Seigneur, le Roi du ciel, le Dieu tout-puissant. Je vous adore aussi, ô Jésus mon Sauveur; vous êtes le seul Saint, le seul Seigneur, le seul très-Haut, avec le Saint-Esprit en la gloire de Dieu le Père.

Pendant les Oraisons.

Dieu tout-puissant, faites-nous la grâce d'avoir l'esprit tellement rempli de telles pensées, que toutes nos paroles et nos actions ne tendent qu'à vous plaire par Jésus-Christ notre Seigneur.

A l'Epître.

Faites-moi, ô mon Dieu, la grâce d'aimer votre sainte parole, d'en apprendre les vérités, d'en pratiquer les préceptes dès mon enfance.

A l'Évangile.

Seigneur, bénissez mon esprit, ma bouche et mon cœur, de sorte que mes pensées, mes paroles et mes actions, soient réglées par votre Evangile, et que je sois toujours prêt à marcher dans la voie des saints commandemens qu'il contient.

Au Credo.

Augmentez ma foi, Seigneur, rendez-la agissante par la charité, et faites-moi la grâce de vous être fidèle jusqu'à la mort, afin que je reçoive la couronne de vie.

A l'Offrande.

O Dieu, qui dites dans votre parole, *Donnez-moi votre cœur*, je vous offre le mien en même temps que le prêtre vous offre ce pain et ce vin : je vous offre aussi mon corps; faites que ce corps et cette âme soient une hostie vivante, sainte et agréable à vos yeux.

Lorsque le prêtre lave ses doigts.

Lavez-moi, Seigneur, dans le sang de l'Agneau sans tache, pour effacer dans mon corps et dans mon âme les moindres taches du péché.

A l'Orate, fratres.

Que le Seigneur veuille recevoir ce saint sacrifice pour sa gloire, pour mon salut, et pour l'utilité de toute son Eglise.

A la Préface.

Elevez, Seigneur, mon cœur au ciel, afin que je vous y adore avec les anges, en disant comme eux : Saint, saint, saint le Seigneur, le Dieu des armées : les cieux et la terre sont remplis de la majesté de votre gloire.

Après le Sanctus.

Mon Dieu défendez votre Eglise contre tous ses ennemis visibles et invisibles : conduisez par votre grâce notre saint père le Pape, monseigneur notre Evêque, et les autres pasteurs, à qui vous avez confié le soin des âmes. Conservez le Roi, bénissez mes parens, mes bienfaiteurs et mes amis, et particulièrement N.

Il faut ici penser aux personnes pour qui on est obligé de prier.

Avant la Consécration.

Nous vous prions, Seigneur, que, votre juste colère étant apaisée, vous receviez favorablement l'offrande que nous allons vous présenter : donnez-nous la paix pendant le reste de nos jours, et mettez-nous au nombre de vos élus.

A l'Elévation de la sainte hostie.

C'est là votre corps, ô mon divin Sauveur; je le crois, parce que vous l'avez dit : j'adore ce corps sacré avec une humilité profonde, et je l'offre à votre Père pour mon salut.

A l'Elévation du calice.

O précieux sang, qui avez été répandu pour nous sur la croix, je vous adore, je vous crois véritablement dans ce calice, je suis prêt à répandre mon sang pour l'honneur de vous ; guérissez-moi, purifiez-moi, sanctifiez-moi.

Après l'Elévation.

Faites-moi la grâce, ô mon Dieu, de me souvenir toujours que ce corps sacré, qui est maintenant présent sur l'autel, a été livré à la mort ; et que ce divin sang, qui est dans le précieux calice, a été répandu pour mon salut, afin que je vous serve toute ma vie avec ardeur : souvenez-vous aussi de cette mort, afin que vous me pardonniez mes péchés avec miséricorde.

Au Memento *des Morts.*

Souvenez-vous, Seigneur, de vos serviteurs et de vos servantes qui sont morts dans la foi, et qui dorment du sommeil de la foi, et particulièrement de N.

Il faut ici penser aux morts pour qui l'on est obligé de prier.

Pardonnez-leur, ô mon Dieu, le reste de leurs péchés ; et leur accordez votre saint paradis, afin qu'ils se reposent parfaitement de leurs travaux et de leurs peines.

Au Nobis quoque peccatoribus.

Seigneur, ayez pitié de moi qui suis un misérable pécheur; et daignez, nonobstant mon indignité, m'accorder un repos éternel avec tous vos saints.

A la seconde Elévation.

Recevez, mon Dieu, cette offrande du corps et du sang de votre Fils; et rendez-moi participant des mérites de sa mort : Père céleste, avec lui, par lui, et en lui vous appartient toute la gloire et la louange.

Au Pater noster.

Il faut dire : Notre Père, qui êtes dans les cieux; *et le reste, page* 66.

Après le Pater.

Délivrez-nous, Seigneur, par votre bonté, de tous les maux passés, présens et à venir; et assistez-nous du secours de votre miséricorde, afin que nous ne soyons jamais esclaves du péché.

A l'Agnus Dei.

Agneau de Dieu, qui effacez les péchés du monde, ayez pitié de nous.

Agneau de Dieu, qui effacez les péchés du monde, ayez pitié de nous.

Agneau de Dieu, qui effacez les péchés du monde, donnez-nous la paix.

Au Domine non sum dignus.

Seigneur, je ne suis pas digne que vous entriez dans mon cœur; mais vous pouvez me délivrer de mes indignités : dites seulement une parole, et mon âme sera guérie.

O mon doux Jésus, qui désirez si ardemment de vous unir à nous, je vous ouvre mon cœur pour vous y recevoir, comme mon Sauveur et mon Dieu.

Lorsque le prêtre communie.

Que votre corps, ô mon divin Ré-

dempteur, et votre sang précieux, puri-
fient mon corps et mon âme : qu'ils me
fortifient et me nourrissent sur la terre
jusqu'à ce que je sois rassasié de votre
présence dans le ciel.

Après la Communion.

Mon Dieu, ne laissez pas rentrer dans
mon âme le péché que vous y avez dé-
truit par le baptême : que Jésus-Christ
mon Sauveur vive toujours en moi, et que
je sente sa divine présence, en faisant des
actions conformes à celles qu'il a faites
lorsqu'il étoit sur la terre.

A la Bénédiction.

Que Dieu tout puissant nous bénisse,
le Père, le Fils, et le Saint Esprit. Ainsi
soit-il.

A l'Evangile selon saint Jean.

Jésus mon Sauveur, vous êtes Fils
unique de Dieu : vous êtes Dieu comme
le Père et le Saint Esprit. Cependant,
pour nous sauver, vous avez souffert la
mort; vous vous rendez présent sur le

saint autel. Oh! que vous nous aimez parfaitement! Faites-moi la grâce de vous
aimer de tout mon cœur, et de vous servir tous les jours de ma vie.

Après la Messe.

Seigneur Jésus qui avez dit : *Laissez
venir à moi les enfans*, je suis venu aujourd'hui près de votre saint autel, où
je savois que vous vouliez venir; et j'ai
eu la consolation de vous y voir.

Que je ne m'en retourne pas, ô mon
Dieu, sans ressentir les effets de votre
sainte bénédiction. Renvoyez maintenant votre serviteur en paix , puisque
mes yeux ont vu mon Sauveur. Bénis-
sez-moi de telle sorte que, pendant les
jours de ma jeunesse, et pendant tout le
cours de ma vie, je me souvienne de
vous qui êtes mon Créateur et mon Rédempteur, et que je prenne bien garde
de ne vous offenser jamais, ô Jésus mon
Sauveur, qui êtes aussi mon Dieu.

En retournant dans sa maison.

Tous les anges et tous les saints,

bénissez le Seigneur de ce qu'il a insti-
tué un sacrifice si admirable. Mon âme,
bénissez-le aussi avec eux, et que tout
ce qui est au dedans de moi, loue son
saint nom. Seigneur mon Dieu, soyez
béni de la grâce que vous m'avez faite
de connoître cet auguste mystère, et d'y
assister aujourd'hui. O Dieu de bonté,
qui multipliez sur moi vos faveurs les
plus précieuses, je veux vous aimer de
tout mon cœur, de toute mon âme, de
toutes mes forces ; je consens de souffrir
toutes les misères, et même de mourir
plutôt que de vous offenser jamais. Affer-
missez en moi une si sainte résolution,
ô Dieu Père, Fils et Saint Esprit, auquel
soit rendue toute la gloire par les saints
anges et par les hommes, à présent et
dans l'éternité.

HYMNE.

CRÉATEUR excellent de la lumière,
qui produisez celle des jours, prépa-
rant l'origine du monde par le commencement d'une clarté toute nouvelle,

Vous avez ordonné qu'on appelleroit

jour le matin, joint avec le soir, débrouillant l'horrible confusion des choses; entendez nos prières qui sont accompagnées de larmes,

De peur que l'esprit opprimé par les crimes ne soit privé des biens de la vie; tandis que ne songeant point à méditer les choses éternelles, il se précipite dans les liens du péché.

Qu'il pousse ses désirs jusque dans le ciel; qu'il remporte le prix de la vie; évitons tout ce qui lui peut être contraire; et par une sainte pénitence purgeons notre âme de toutes ses iniquités.

Faites-nous cette faveur, Père très-saint; vous, son Fils unique, et vous, Esprit consolateur, qui régnez à perpétuité. Ainsi soit-il.

CANTIQUE DE LA VIERGE.

Mon âme glorifie le Seigneur. — Et mon esprit s'est réjoui en Dieu auteur de mon salut,

Parce qu'il a regardé favorablement la petitesse de sa servante; et de là je serai nommée bienheureuse dans la suite de tous les âges.

Car le Tout-Puissant a opéré en moi de grandes merveilles, et son nom est saint.

Sa miséricorde passe de lignée en lignée à tous ceux qui le servent avec crainte.

Il a fait paroître la force de son bras, faisant avorter les desseins des superbes.

Il a fait descendre les puissans de leurs trônes, et il a élevé les petits.

Il a rempli de biens les nécessiteux, et a réduit les riches à la mendicité.

Il a pris en sa protection son serviteur Israël, s'étant ressouvenu de sa miséricorde,

Selon la parole qu'il en avoit donnée à nos pères, à Abraham, et à toute sa postérité pour jamais.

Gloire soit au Père, etc.

LES VÊPRES DU DIMANCHE.

Psaume 109.

Le Seigneur a dit à mon Seigneur : Soyez assis à ma droite.

Tandis que, terrassant vos ennemis, je les ferai servir d'escabeau à vos pieds.

Le Seigneur fera sortir de Sion le sceptre de votre puissance, pour étendre votre empire au milieu des nations qui vous sont ennemies.

Votre peuple se rangera auprès de vous au jour de votre force, étant revêtu de la splendeur de vos saints, dès le moment de votre naissance qui paroîtra au monde comme la rosée de l'aurore.

Le Seigneur a juré, et il ne se rétractera point : Vous êtes (dit-il) prêtre éternellement, selon l'ordre de Melchisedech.

Ce Dieu tout puissant, qui est à vos côtés, brisera l'orgueil des rois au jour de sa fureur.

Il exercera sa justice sur toutes les nations : il couvrira les champs de corps morts, et cassera la tête à plusieurs mutins qui sont sur la terre.

Il boira en chemin des eaux du torrent, et par là s'élevera dans la gloire.

Gloire soit au Père, etc.

Psaume 110.

SEIGNEUR, je confesserai vos louanges de tout mon cœur, les publiant en

l'assemblée des justes, et en la congré-
gation des fidèles.

Les ouvrages du Seigneur sont grands;
et ceux qui les considèrent ne peuvent se
lasser de les admirer.

La gloire et la magnificence paroissent
dans les ouvrages de ses mains; sa justice demeure inviolable pendant l'éternité.

Il nous fait célébrer la mémoire de ses
merveilles, le bon et miséricordieux Seigneur qu'il est : il nourrit ceux qui le servent avec crainte.

Il n'y a point de siècle ni de durée qui
lui fasse perdre le souvenir de son alliance; il fera paroître à son peuple la
vertu de ses exploits.

Il augmentera son héritage par les
biens des nations infidèles, et l'on verra
par les ouvrages de ses mains la vérité de
ses promesses, et l'infaillibilité de ses ju-
gemens.

Rien ne pourra jamais ébranler la force
de ses lois fondées sur la durée de l'éternité, composées selon les règles de la vérité et de la justice.

Il lui a plu d'envoyer la rédemption à

son peuple, et de faire avec lui une alliance qui demeurera toujours.

'Son nom est saint et redoutable : le commencement de la sagesse est la crainte du Seigneur.

En effet, il n'y a que des personnes bien avisées qui observent ses préceptes et ses louanges qui subsisteront toute l'éternité.

Gloire soit au Père, etc.

Psaume III.

HEUREUX est l'homme qui sert le Seigneur avec crainte : il ne trouve point de plaisir qui égale celui d'exécuter ses commandemens.

Sa postérité sera puissante sur la terre; et la race des justes sera comblée de bénédictions.

La gloire et la richesse rendront sa maison florissante, et son équité subsistera éternellement.

Ainsi la lumière se répand sur les bons parmi les ténèbres, parce que le Seigneur est juste, pitoyable et miséricordieux.

. L'homme qui est sensible aux afflic-
tions de son prochain, l'assistant selon sa
commodité, est heureux; qui (dis-je)
règle ses paroles et ses actions sur les
préceptes de la justice, ne tombera jamais....

Sa mémoire sera immortelle, et il ne
craindra point que les langues médisan-
tes déshonorent sa réputation.

Son cœur est disposé à mettre toute
sa confiance au Seigneur, sans avoir aucune pensée de l'en détourner jamais; il
ne craint rien, et il attend avec constance
la déroute de ses ennemis.

Et parce que, dans la distribution de
ses biens, il en a usé libéralement envers
les nécessiteux, sa justice demeurera éternellement, et sa puissance sera honorée
de tout le monde.

Les méchans, voyant cela, crèveront
de dépit et de rage; ils en grinceront les
dents; ils en sècheront de colère; mais
ils seront frustrés dans leur attente, car
les désirs des méchans périront.

Gloire soit au Père, etc.

Psaume 112.

ENFANS qui êtes appelés au service du Seigneur, louez son saint nom.

Que le nom du Seigneur soit béni dès à présent et pendant toute l'éternité.

Car depuis le soleil levant jusqu'au point où il se couche, le nom du Seigneur mérite des louanges.

Le Seigneur est exalté par-dessus toutes les nations; sa gloire est élevée par-dessus les cieux.

Qui est-ce donc qui peut entrer en comparaison avec le Seigneur notre Dieu qui demeure là-haut et qui s'abaisse toutefois jusqu'à considérer les choses qui sont dans le ciel et sur la terre?

Il relève les misérables de la poussière, et retire les plus pauvres de la fange,

Pour les établir dans les charges honorables, pour leur faire part du gouvernement des affaires avec les princes de son peuple.

Qui rend féconde la femme stérile, et la rend joyeuse, la faisant mère de plusieurs enfans?

Gloire soit au Père, etc.

Psaume 113.

EN cette mémorable sortie que fit Israël hors de l'Egypte; après que la maison de Jacob fut délivrée de la captivité où elle était réduite chez un peuple barbare;

Dieu choisit la Judée pour y dresser son sanctuaire, et pour établir son empire en Israel.

La mer vit cette haute entreprise, et prit la fuite; et le Jourdain, arrêtant ses eaux, les fit remonter du côté de leur source.

Les montagnes sautèrent comme des béliers, et les collines tressaillirent de joie dans la plaine, comme de petits agneaux auprès de leurs mères.

Mais dites-nous, grande mer, qui est-ce qui vous épouvanta si fort, que vous vous retirâtes en fuyant; et vous, fleuve du Jourdain, qui vous fit retourner en arrière?

Vous, montagnes, pourquoi bondissiez-vous comme des agneaux auprès de leurs mères?

C'est que devant la force du Seigneur

la terre s'est émue ; c'est qu'elle a senti des agitations de crainte en la présence du Dieu de Jacob,

Qui fait sortir des étangs de la pierre, et qui convertit les rochers en fontaines. Non point à nous, Seigneur, non point à nous : mais à votre nom, donnez la gloire qui lui appartient,

A cause de la grandeur de votre miséricorde et de la vérité de vos promesses, afin que les nations ne disent point : Où est leur Dieu?

Car il est au ciel, où il fait tout ce qu'il lui plaît, sans que sa puissance soit limitée.

Mais les simulacres des gentils sont or et argent, ouvrages des mains des hommes.

Ils ont une bouche et ne parlent point; ils ont des yeux et ne voient rien.

Ils ne sont pas capables d'écouter avec leurs oreilles, ni de flairer avec leurs narines.

Leurs mains sont inutiles pour toucher, et leurs pieds sont incapables de marcher; ils ne sauroient rendre aucun son de leur gorge.

Que ceux qui les font, leur puissent ressembler, et tous les hommes qui mettent en eux leur confiance.

La maison d'Israel a mis toute son espérance au Seigneur, qui est prêt à son secours; car il est son protecteur.

La maison d'Aaron a espéré en sa seule bonté; il est son appui et son protecteur.

Ceux qui craignent le Seigneur, se confient en lui : il est leur refuge et leur protecteur.

Le Seigneur s'est souvenu de nous, et nous a donné sa bénédiction.

Il a béni la maison d'Israel, il a comblé de faveurs la maison d'Aaron.

Il a répandu ses grâces sur tous ceux qui révèrent sa puissance, depuis les plus grands jusqu'aux plus petits.

Que le Seigneur vous favorise incessamment, vous et vos enfans, puisque vous êtes aimés de ce Seigneur, qui a fait le ciel et la terre :

Le ciel très-haut que le Seigneur a choisi pour sa demeure; et la terre qu'il a donnée aux enfans des hommes afin d'y habiter.

Toutefois, Seigneur, les morts ne vous louent point, ni ceux qui descendent dans les lieux profonds.

Mais nous qui vivons, rendons continuellement des actions de grâces au Seigneur ; et reconnoissons à jamais ses faveurs.

Gloire soit au Père, etc.

PRIÈRES DU SOIR.

Au nom du Père, et du Fils, et du Saint-Esprit.

ESPRIT saint, venez en nous, éclairez nos âmes de votre lumière, et embrasez nos cœurs de votre divin amour.

Nous vous adorons, ô mon Dieu, qui êtes ici présent. Nous vous louons, aimons, reconnoissons comme père de miséricorde, et la source de tout bien. Nous vous rendons grâces de tout notre cœur, par notre Seigneur Jésus-Christ, de tous les effets de votre bonté à notre égard.

Notre Père, qui êtes aux cieux ; que votre nom soit sanctifié ; que votre règne arrive ; que votre volonté soit faite en la terre comme au ciel ; donnez-nous aujourd'hui notre pain de chaque jour, et pardonnez-nous nos offenses, comme nous pardonnons à ceux qui nous ont offensés, et ne nous induisez point en tentation, mais délivrez-nous du mal. Ainsi soit-il.

Je vous salue, Marie, pleine de grâces, le Seigneur est avec vous. Vous êtes bénie par-dessus toutes les femmes, et Jésus, le fruit de vos entrailles, est béni. Sainte Marie, Mère de Dieu, priez pour nous pécheurs, maintenant et à l'heure de notre mort. Ainsi soit-il.

Je crois en Dieu le Père tout puissant, créateur du ciel et de la terre, et en Jésus-Christ son Fils unique notre Seigneur, qui a été conçu du Saint-Esprit, est né de la Vierge Marie, a souffert sous Ponce Pilate, a été crucifié, est mort et a été enseveli ; est descendu aux enfers ; le troisième jour est ressuscité des morts ; est monté aux cieux, est assis à la droite de Dieu le Père tout puissant, d'où il viendra juger les vivans et les morts. Je crois au Saint-Esprit, la sainte Eglise catholique, la communion des saints, la rémission des péchés, la résurrection de la chair, la vie éternelle. Ainsi soit-il.

Je me confesse à Dieu tout puissant, à la bienheureuse Marie toujours Vierge, à saint Michel archange, à saint Jean-Baptiste; aux apôtres saint Pierre et saint Paul, à tous les saints (et à vous mon Père), parce que j'ai grandement péché, en pensées, paroles et œuvres; par ma faute, par ma faute, par ma très-grande faute. C'est pourquoi je prie la bienheureuse Marie toujours vierge, saint Michel archange, saint Jean-Baptiste, les apôtres saint Pierre et saint Paul, tous les saints (et vous mon Père), de prier pour moi le Seigneur notre Dieu.

Que le Dieu tout puissant nous fasse miséricorde, et que, nous ayant pardonné nos péchés, il nous conduise à la vie éternelle. Ainsi soit-il.

Que le Seigneur tout puissant et tout miséricordieux nous accorde le pardon, l'absolution, et la rémission de nos péchés. Ainsi soit-il.

Un seul Dieu tu adoreras, et aimeras parfaitement.

Dieu en vain tu ne jureras, ni autre chose pareillement.

Les dimanches tu garderas, en servant Dieu dévotement.

Père et mère honoreras, afin que tu vives longuement.

Homicide point ne seras, de fait ni volontairement.

Impudique point ne seras, de corps ni de consentement.

Le bien d'autrui tu ne prendras, ni retiendras à ton escient.

Faux témoignage ne diras, ni mentiras aucunement.

L'œuvre de chair ne désireras, qu'en mariage seulement.

Biens d'autrui ne convoiteras pour les avoir injustement.

Acte d'Adoration.

Mon Dieu, je vous adore, je vous reconnois pour mon créateur et mon maître : je vous offre ma vie et tout ce que je possède.

Acte de Foi.

Mon Dieu, je crois fermement tout ce que croit et enseigne la sainte Eglise, parce que c'est vous, ô mon Dieu, qui l'avez dit.

Acte d'Espérance.

Mon Dieu, j'espère vos grâces et mon salut par les mérites infinis de Jésus-Christ mon Sauveur.

Acte de Charité.

Mon Dieu, je vous aime de tout mon cœur et plus que toutes choses, parce que vous êtes infiniment aimable; et j'aime mon prochain comme moi-même pour l'amour de vous.

CANTIQUES SPIRITUELS.

Afin d'être docile et sage,
Seigneur, donnez-moi votre Esprit,
Pour apprendre, selon mon âge,
Les vérités de Jésus-Christ.

Esprit saint, faites-moi comprendre
Ce que vous m'allez expliquer;
Mais en me le faisant apprendre,
Faites-le-moi bien pratiquer.

O mon Dieu ! je vous remercie
De vos saintes instructions,
Et par Jésus-Christ je vous prie
D'oublier mes distractions.

Puisqu'on est d'autant plus coupable,
Qu'on sait et ne fait pas le bien,
Si vous me rendez plus capable,
Seigneur, rendez moi plus chrétien.

———————

O bienheureux mille fois
L'enfant que le Seigneur aime,
Qui de bonne heure entend sa voix,
Et que ce Dieu daigne instruire lui-même ;
Loin du monde élevé, de tous les dons des cieux
Il est orné dès sa naissance :
Et du méchant l'abord contagieux
N'altère point son innocence.

Heureuse, heureuse l'enfance
Que le Seigneur instruit et prend sous sa défense !

Tel en un secret vallon,
Sur le bord d'une onde pure,
Croît à l'abri de l'aquilon,
Un jeune fils, l'amour de la nature.
Loin du monde élevé, de tous les dons des cieux
Il est orné dès sa naissance ;
Et du méchant l'abord contagieux
N'altère point son innocence.

Heureux, heureux mille fois
L'enfant que le Seigneur rend docile à ses lois !

Mon Dieu ! qu'une vertu naissante
Parmi tant de périls marche à pas incertains !
Qu'une âme qui te cherche et veut être innocente
Trouve d'obstacle à ses desseins !
Que d'ennemis lui font la guerre !
Où se peuvent cacher tes saints ?
Les pécheurs couvrent la terre.

Combien de temps, Seigneur, combien de temps encore
Verrons-nous contre toi les méchans s'élever ?
Jusque dans ton saint temple ils viennent te braver ;
Ils traitent d'insensé le peuple qui t'adore.

Combien de temps, Seigneur, combien de temps encore
Verrons-nous contre toi les méchans s'élever ?

Que vous sert, disent-ils, cette vertu sauvage ?
  De tant de plaisirs si doux
  Pourquoi fuyez vous l'usage ?
Votre Dieu ne fait rien pour vous.

 Rions, chantons, dit cette troupe impie,
De fleurs en fleurs, de plaisirs en plaisirs
  Promenons nos désirs ;
Sur l'avenir insensé qui se fie :
De nos ans passagers le nombre est incertain :
Hâtons-nous aujourd'hui de jouir de la vie,
  Qui sait si nous serons demain ?

Qu'ils pleurent, ô mon Dieu, qu'ils frémissent de crainte
 Ces malheureux qui de ta cité sainte
 Ne verront point l'éternelle splendeur.
C'est à nous de chanter, nous à qui tu révèles
  Tes clartés immortelles,
C'est à nous de chanter tes dons et ta grandeur.

De tous ces vains plaisirs où leur âme se plonge,
Que leur restera-t-il ? Ce qui reste d'un songe
  Dont on a reconnu l'erreur.
 A leur réveil (ô réveil plein d'horreur !),
  Pendant que le pauvre à la table
Goûtera de ta paix la douceur ineffable,
Ils boiront dans la coupe affreuse, inépuisable,
Que tu présenteras, au jour de ta fureur,
  A toute la race coupable.

  O réveil plein d'horreur !
  O songe peu durable !
  O dangereuse erreur !

FIN.

intercalés à leur ordre alphabétique, mais encore une bi—
bliographie indispensable aux souscripteurs, pour les
divers ouvrages contenus et énoncés dans Feller, qui formera 3 volumes in-8°, et sera publiée immédiatement
après le dictionnaire ; elle deviendra en outre un supplément nécessaire à toutes les éditions du même ouvrage,
et pourra leur être adaptée.

LA SAINTE BIBLE en latin et en français, avec des
notes littéraires, critiques et historiques, tirées du
commentaire de Dom Augustin CALMET, abbé de Sénones, de l'abbé de VENCE, et des auteurs les plus
célèbres, pour faciliter l'intelligence de l'Écriture
sainte ; ouvrage enrichi d'un atlas contenant 37 cartes